BEI GRIN MACHT SICH IHR WISSEN BEZAHLT

AF153959

- Wir veröffentlichen Ihre Hausarbeit,
  Bachelor- und Masterarbeit

- Ihr eigenes eBook und Buch -
  weltweit in allen wichtigen Shops

- Verdienen Sie an jedem Verkauf

Jetzt bei www.GRIN.com hochladen und kostenlos publizieren

GRIN

Trainingslehre 1. Kraftaufbautraining eines 27-Jährigen Mannes über 6 Monate

GRIN ☺

Bibliografische Information der Deutschen Nationalbibliothek:

Die Deutsche Nationalbibliothek verzeichnet diese Publikation in der Deutschen Nationalbibliografie; detaillierte bibliografische Daten sind im Internet über http://dnb.d-nb.de abrufbar.

ISBN: 9783346471192
Dieses Buch ist auch als E-Book erhältlich.

Druck und Bindung: Books on Demand GmbH, Norderstedt Germany
Gedruckt auf säurefreiem Papier aus verantwortungsvollen Quellen

Das vorliegende Werk wurde sorgfältig erarbeitet. Dennoch übernehmen Autoren und Verlag für die Richtigkeit von Angaben, Hinweisen, Links und Ratschlägen sowie eventuelle Druckfehler keine Haftung.

Das Buch bei GRIN: https://www.grin.com/document/1045475

Deutsche Hochschule für
Prävention und Gesundheitsmanagement
Hermann Neuberger Sportschule 3
66123 Saarbrücken

Einsendeaufgabe

Fachmodul:	Trainingslehre I
Studiengang:	Fitnessökonomie
Datum Präsenzphase:	08.03.2021 bis 11.03.2021
Studienort:	**Leipzig**
Semester:	**Zweites**

Inhaltsverzeichnis

1 Diagnose

Um eine optimale Trainingsplanung, bis hin zu einem zufriedenstellenden Ergebnis sicherzustellen, werden die allgemeinen, sowie biometrischen Daten der Person festgehalten. So erfahren wir etwas über den Ausgangszustand der Person.

1.1 Allgemeine und biometrische Daten

Tab. 1: Allgemeine und biometrische Daten des Mitgliedes (eigene Darstellung)

Daten der Person	Datenwerte
Alter	27 Jahre
Geschlecht	Männlich
Körpergröße	1,90m
Körpergewicht	86kg
Trainingsmotive	Gewichtsreduktion, Muskelaufbau, schwere Lasten tragen
Berufliche Tätigkeit	Lehrer
Aktuelle sportliche Aktivität	3x wöchentlich je 60-70 Minuten Radfahren, 1x wöchentlich Ausdauerlauf von 40 Minuten
Frühere sportliche Aktivität	Gelegentlich Volleyball spielen mit Freunden, Langhantelerfahrung durch ein Jahr im Fitnessstudio mit einem Freund
Zeitlicher Verfügungsrahmen	3-4x die Woche
Blutdruck	132/83 mmHg
Orthopädische Probleme	Keine
Internistische Probleme	Keine
Ärztliche Behandlungen	Keine
Medikamente	Keine

In Tabelle 1 sind alle zur Erstellung eines Trainingsplanes relevante allgemeine und biometrische Daten zu der Person gelistet. Diese wurden durch eine Befragung der Person und Testungen (Gewicht durch eine Standwage und Blutdruck durch ein Blutdruckmessgerät) ermittelt. Der BMI der Person befindet sich mit einem Wert von 23,8kg/m² im erhöhten Normalbereich, da ein Wert ab 25kg/m² als Übergewicht eingestuft wird (vgl. WHO BMI Klassifikation, 2020). Das Ziel der Gewichtsreduktion ist hier nicht zwingend notwendig, jedoch präventiv wichtig, um in einem gemittelten Bereich zu kommen und ein mögliches Übergewicht vorzubeugen. Das Gewicht vermittelt mit der Angabe des sportlichen Umfangs den Eindruck, dass eine ungesunde Ernährungsweise einen Einfluss auf das Mitglied haben könnte, da die Person eine hohe Aktivität im Ausdauerbereich zeigt.

Die folgende Tabelle wird nun die Blutdruckklassifikation aufzeigen.

Tab. 2: Blutdruckklassifikation nach der American College of Cardiology Foundation und American Heart Association (Eigene Darstellung nach Whelton et al., 2017, S. e138)

Klassifikation	Systolisch (mmHg)	Diastolisch (mmHg)
Normal	< 120	< 80
Erhöht	120-129	<80
Hypertonie (Stufe 1)	130-139	80-89
Hypertonie (Stufe 2)	>=140	>=90

Der Wert des Mitgliedes liegt mit 132/83 im hoch-normalen Bereich. Hierbei liegt dennoch keine Einschränkung vor. Die Senkung des Blutdruckwertes zu der Klassifikation des normalen Bereiches kann durch das folgende Training ermöglicht werden.

Die Person gab als berufliche Tätigkeit Lehrer an. Auf Nachfrage hat sich ergeben, dass es hier nicht nur um eine sitzende Tätigkeit handelt, da die Person als Sport- und Chemielehrer tätig ist. Dennoch ist eine Stärkung der Muskulatur im Rumpfbereich sinnvoll, um mögliche Beschwerden vorzubeugen. Es besteht keine negativ beeinflussenden Faktoren zur körperlichen Trainierbarkeit der Person wie Bewegungseinschränkungen, Schmerzpunkte, Medikamente oder nennenswerte ärztliche Vorgeschichten. Zusätzlich würde ich die Trainierbarkeit der Person als sehr gut einstufen, da sie bereits Erfahrung im Kraftbereich besitzt, aber auch regelmäßig im Ausdauersportbereich tätig ist. Somit wird der Wille zur sportlichen Aktivität ebenfalls als hoch eingeschätzt, damit auch die verbundene Regelmäßigkeit des Trainings.

1.2 Krafttestung

Für die Krafttestung wird ein Mehrwiederholungskrafttest durchgeführt. Somit führen wir die ausgewählten Übungen mit 15 Wiederholungen und 3 Testsätzen durch. Hier stellen wir unser Übungsgewicht für den folgenden ersten Mesozyklus fest. Durch die Wahl eines Mehrwiederholungskrafttests vereinfachen wir der Person den Einstieg und stellen gleichzeitig eine optimale Belastung für den aktuellen Trainingszustand fest.

Vor diesem Test wird eine allgemeine Erwärmung durchgeführt, dafür wurde hier ein 10-minütiges Aufwärmen am Ruderergometer gewählt. Anschließend folgt ein spezielles Aufwärmen, für die jeweilige belastete Muskulatur für die in der Tabelle 3 gewählten Testübungen. Das Gewicht des ersten Testsatzes wird durch Einschätzung des Sportlers durch den Trainer ermittelt. Vor dem ersten Testsatz wird noch ein Aufwärmsatz mit 50% des ersten Testsatzgewichtes durchgeführt. Um eine vollständige Regeneration der Muskulatur zwischen den Sätzen gewährleisten zu können, wird zwischen den Testsätzen eine Pausenzeit von ungefähr drei Minuten gewählt (vgl. Zimmer, 1999, S. 45-47). Diese Pause wird immer zwischen den Sätzen jeder Übung und zwischen den einzelnen Übungen abgeschlossen, auch wenn sie nicht explizit von mir erwähnt wird. Wenn das Mitglied merkt, dass der erste Testsatz nicht das maximal zu erreichendem Gewicht entspricht, so folgt nach der Pausenzeit ein weiterer Testsatz mit gesteigertem Gewicht. Allerdings werden nicht mehr als drei Testsätze durchgeführt, da sonst eine zu große Ermüdung der Muskulatur die Werte verfälschen könnte und das Verletzungsrisiko steigt. Nicht immer ist das Ausschöpfen aller drei Testsätze erforderlich. Wenn eine Übung nur mit falscher Technik ausgeführt wird oder die Person merkt, dass das maximale Gewicht erreicht ist, können bereits zwei Testsätze genügen. Dem entsprechend wird der höchste Testsatz gezählt, bei dem die 15 Wiederholungen mit korrekter Technik ausgeführt werden.

Es wurden hier Langhantelübungen, durch die Erfahrung des Mitgliedes gewählt. Dadurch ist uns eine Beanspruchung von mehr synergistisch wirkenden Muskelgruppen im Vergleich zu maschinengeführten Übungen möglich. Zugleich ist ein weiterer Vorteil die Übertrabbarkeit in den Alltag. Die Beschreibung des Testablaufes der ausgewählten Übungen folgt nach der Tabelle.

Tab. 3: Darstellung des ausgewählten Krafttests: Mehrwiederholungskrafttest (Eigene Darstellung)

Mehrwiederholungskrafttest (15-RM-Test)					
Testübung	WH	1. Testsatz	2. Testsatz	3. Testsatz	Ergebnis
Flachbankdrücken mit Langhantel	15 Wdh.	25kg	30kg	X	30kg
Kniebeuge mit Langhantel	15 Wdh.	70kg	75kg	80kg	80kg
Kreuzheben	15 Wdh.	40kg	45kg	50kg	50kg
Latzug vertikal bis zur Brust	15 Wdh.	35kg	40kg	45kg	45kg
Rudern Langhantel	15 Wdh.	20kg	25kg	X	25kg
Schulterdrücken Langhantel	15 Wdh.	20kg	25kg	X	25kg

Es wird mit dem Flachbankdrücken Langhantel begonnen. Bei jeder Übung wurde das erste Testsatzgewicht, durch den Trainer engeschätzt. In diesem Falle mit 25kg. Die Person schafft diesen, sieht aber auch Potential nach oben. Nach der angesprochenen Pause von drei Minuten geht es in den nächsten Testsatz. Der zweite Testsatz wird also mit einem gesteigerten Gewicht von 5kg, also insgesamt 30kg, ausgeführt. Der dritte Testsatz entfällt, da dort das Mitglied das Gewicht von 35kg nicht mit einer korrekten Technik heben konnte. Der dritte Testsatz wurde mit einem X als ungültig markiert. Das Ergebnis entspricht dem Gewicht von dem zweiten Testsatz mit 30kg.

Anschließend folgt die Kniebeuge mit Langhantel. Hier ist das Ergebnis des ersten Testsatzes 70kg, des zweiten 75kg und des dritten 80kg. Das Resultat ist somit 80kg.

Die Übung Kreuzheben wurde mit einem Startgewicht von 40kg begonnen. Im zweiten Testsatz steigerte sich das Gewicht auf 45kg, anschließend im dritten Testsatz auf 50kg. Das Ergebnis liegt also bei 50kg.

Es folgt Latzug vertikal bis zur Brust. Hier wurde 35kg als Startgewicht gewählt. Im zweiten Testsatz auf 40kg gesteigert und im dritten auf 45kg. Das Resultat ist 45kg.

Als vorletzte Übung ist Rudern Langhantel geplant. Hier ist das Gewicht des ersten Testsatzes 20kg, welches auf 25kg im zweiten Testsatz gesteigert wurde. Ein dritter Testsatz ist nicht notwendig, da bereits die maximal zu leistender Kraft bei dem zweiten Testsatz ausgeschöpft wurde.

Als letztes steht eine Krafttestung der Übung Schulterdrücken Langhantel bevor. Hier wurde das Startgewicht des ersten Testsatzes auf 20kg eingeschätzt. Dieses konnte auf 25kg im zweiten Testsatz gesteigert werden. Das Ergebnis des zweiten Testsatzes ist auch hier das Endergebnis dieser Übung.

Bei allen Übungen, wo der dritte Testsatz ausgeschöpft wurde, könnte ein höheres Start-gewicht möglich sein. Es muss berücksichtigt werden, dass die Muskulatur vorbelastet ist und man somit möglicherweise unter den eigentlichen Maxima für 15 Wiederholungen ist. Dennoch werden die Ergebnisse des Krafttests für die anschließende Trainingspla-nung genutzt, da das Mitglied immer die Möglichkeit zur Gewichtserhöhung besitzt. Durch Wahl von freien Gewichten ist hier auch eine feine Gewichtsabstufung möglich.

Für die weitere Trainingsplanung wird die Individuelle-Leistungsbild-Methode (im Fol-genden mit „ILB-Methode" abgekürzt) gewählt.

Tab. 4: Orientierung zur Trainingsplanung nach der ILB- Methode (modifiziert nach Strack & Eifler, 2005, S. 153)

Leistungs-stufe	Zeitstufe (Monate)	Orga.-form	Häufig-keit/ Woche	Übungen/ Muskel-gruppe	Sätze/ Übung	Intensität (%X-RM*)
Orientie-rungs-stufe	0-1,5	GK	2	1-2	1-2	Gering
Beginner	1,5-6	GK	2	1-2	1-2	50-70
Geübte	6-12	GK/ Split	2-3	1-2	2	60-80
Fortge-schrit-tene	>12	GK/ Split	3-4	1-3	2-3	70-90
Leistungs-trainierende	>36	GK/ Split	3-6	1-4	2-4	60-100

GK = Ganzkörpertraining; Split = Splittraining

* Wiederholungszahl je nach Trainingsziel, siehe folgende Tabelle

Tab. 5: Wiederholungszahlen in Hinblick auf Trainingsziele bei dem Nutzen der ILB-Methode (eigene Darstellung nach Eifler, 2013, S. 74)

Trainingsziel	Anzahl der Wiederholungen
Kraftausdauertraining	15-30
Hypertrophietraining	8-15
Maximalkrafttraining	5-8

In Bezug auf die Individuelle-Leistungsbild-Methodik, die ILB-Methode, wird für die Trainingsplanung eine Intensität von 50-70% gewählt (vgl. Tabelle 4)

2 Zielsetzung / Prognose

Die geäußerten Ziele des Mitgliedes bestanden neben der Gewichtsreduktion und dem Muskelaufbau auch darin leichter mit dem Fahrrad bergauf fahren zu können. Die sich daraus ergebenen Ziele wurden in der folgenden Tabelle dargestellt.

Tab. 6: Ziele der Person (Eigene Darstellung)

Inhalt	Ausmaß	Zeit
Muskelaufbau	2 kg	3 Monate (Mesozyklus (1-3)
Gewichtsreduktion	Um 2kg Körperfett	3 Monate (Mesozyklus 4)
Kraftsteigerung der Bein-muskulatur	Um 10kg (15-RM)	7 Wochen (Dauer des drit-ten Mesozyklus)

Das Mitglied hat als erstes Ziel den Muskelaufbau geäußert. Dieses Ziel wird im zweiten und dritten Mesozyklus verfolgt. Hier wird nach den drei Monaten mit einer Körperana-lysewaage gemessen, ob das Ziel von 2kg Muskelmasse erreicht wurde. Mit dem Aufbau der Muskulatur erfüllen wir zum einen den ästhetischen Wunsch der Person nach, erhö-hen aber auch den Grundumsatz, was die Gewichtsreduktion vereinfacht.

Im dritten Mesozyklus wird ein Maximalkrafttraining durchgeführt. Um schwere Lasten heben zu können, wird hier neben den Fokus auf die Rückenmuskulatur, auch ein Blick-punkt auf die Maximalkraft des Quadrizeps und die ischiocrurale Muskulatur gelegt, da diese besonders in der Druckphase beim Radfahren (und damit verstärkt bei dem Berg-auffahren) beteiligt sind.

Um anschließend auch den Wunsch der Gewichtsreduktion weiter zu berücksichtigen ist im vierten Mesozyklus eine Körperfettreduktion vorgesehen. So wird auch die zuvor auf-gebaute Muskulatur zum Vorschein gebracht. Hier wird das Mitglied auf Wichtigkeit von

Proteinen und Krafttraining zum Erhalt der Muskulatur aufmerksam gemacht, da in dieser Phase ein Kaloriendefizit vorgesehen ist.

3 Trainingsplanung Makrozyklus

Tab.: 7 Trainingsplanung Makrozyklus (Eigene Darstellung)

	Mesozyklus 1	Mesozyklus 2	Mesozyklus 3	Mesozyklus 4
Zyklusdauer	4 Wochen	7 Wochen	7 Wochen	8 Wochen
Trainingsziel	Kraftausdauer	Hypertrophie	Maximalkraft	Kraftaus-dauer
Häufigkeit/Woche	2	2	3	3
Orga.-form	GK-Stationen	GK-Stationen	GK-Stationen	GK-Stationen
Übungen/Muskel	1-2	1-2	1-2	1-2
Sätze/Übung	3	3	3	3
Satzpause	30s	120s	180s	gering
Wiederholungszahl	20	15	5	20
Intensitäten	50-70% ILB	50-70% ILB	50-70% ILB	50-70% ILB
Bewegungstempo	2:0:2	2:0:2	2:0:2	2:0:2

GK   =Ganzkörpertraining

Orga.-form   = Organisationsform

3.1 Begründung übergeordnete Trainingsmethode

Um eine Eingewöhnung an die Belastung und korrekter Technik sicherzustellen, beginnt der Makrozyklus mit einem vier Wochen Kraftausdauer Mesozyklus. Besonders mit freien Gewichten ist eine technisch korrekte Ausführung wichtig. Ist dies sichergestellt, findet ein Übergang in den zweiten Mesozyklus statt, in dem die Muskelhypertrophie angesteuert wird. In dieser Zeit soll das Mitglied die ersten Erfolge vermerken können und das Gewicht progressiv steigern. Um den Wunsch des Mitgliedes zur Steigerung der Maximalkraft näher zu kommen, wird anschließend ein Maximalkrafttraining durchge-führt. Somit wird der Person auch das Fahren bergauf erleichtert und er kann auch in diesem Bereich Erfolge vermerken. Dies wird seine Motivation fördern. In den letzten sieben Wochen des Makrozyklus wird eine Gewichtsreduktion angestrebt. Das Ziel des Kraftausdauertrainings ist es die Muskulatur zu erhalten, aber auch die Glykogenspeicher der Muskulatur weitestgehend zu erschöpfen. Die bereits aufgebaute Muskulatur wirkt hier fördernd für die Gewichtsreduktion durch Steigerung des Grundumsatzes.

3.2 Begründung der Belastungsparameter

Die Trainingshäufigkeit wurde mit Gedanken an die progressive Belastungssteigerung gewählt. Zugleich dient es jedoch auch der Gewöhnung des Mitgliedes und Erhaltung der Motivation. Die gewählten Übungen bieten ein gutes Ganzkörpertraining bestehend aus Zieh-, Drück- und Beinübungen, weswegen es bei einem erfahreneren Trainingslevel aus für ein Split Training genutzt werden könnte. Somit gewöhnt sich das Mitglied schon an diese Grundübungen, da es die Vorliebe zum Freihanteltraining äußerte. Durch das Ganzkörpertraining wird effektiv Zeit gespart und durch die mehrgelenkigen Übungen keine große Muskelgruppe auslassen. So wird ein effizientes Ganzkörpertraining, ohne Isolationsübungen, trainiert. Es werden ein bis zwei Übungen pro Muskelgruppe angestrebt, um eine optimale Belastung sicherzustellen. Die Satzzahl beträgt in der gesamten Länge des Makrozyklus drei. Die Wiederholungen ändern sich allerdings in den Mesozyklen je nach Trainingsziel. So wird bei den Kraftausdauerzyklen eine Wiederholungsanzahl von 20, bei Hypertrophietraining von 15 und Maximalkrafttraining von 5 Wiederholungen angestrebt (vgl. Tab. 5). Die Satzpause wird ebenfalls je nach Trainingsziel angepasst. Im Mesozyklus der Kraftausdauer wird die Satzpause möglichst kurzgehalten, um keine vollständige Regeneration zu ermöglichen. Die Trainingsintensität richtet sich nach den Werten „Beginner" der ILB-Methode (vgl. Tab. 4). Die Intensität kann, wenn möglich, selbstständig in dem angegebenen Bereich gesteigert werden. Eine progressive Belastungssteigerung ist somit möglich.

3.3 Begründung der Organisationsform

Durch die vier Wochen stationärer Kraftausdauer kann sich das Mitglied an die ihm vorstehende Belastung gewöhnen. Nicht nur der Bewegungsapparat, sondern auch die neuromuskulären Verbindungen können beginnen sich der Belastung anzupassen. Die Organisationform bleibt stets stationär, um hier die gewohnte Bewegung ausführen zu können. Besonders im Freihanteltraining im Bereich der Maximalkraft ist dies wichtig, um die Konzentration beizubehalten. Zudem wäre ein Zirkeltraining im Freihantelbereich hier unzweckmäßig, da man häufig nicht der einzige Sportler ist und somit, zum Beispiel, die Gewichte neu justiert werden müssten.

3.4 Begründung der Periodisierung

Der Trainingsplan dieses Makrozyklus umfasst einen Zeitraum von 26 Wochen bzw. sechs Monate. Hier wird die Möglichkeit gegeben sein, die Belastung progressiv zu steigern. Zum einen erfolgt dies durch eine Erhöhung des Gewichts, zum anderen aber auch durch die Trainingsform. So wird mit einem Kraftausdauertraining gestartet, welches von der Gewichtsintensität nicht so belastend ist, wie ein Hypertrophietraining. Anschließend wird in das besagte Hypertrophietraining gewechselt, danach wiederum in ein Maximalkrafttraining. Die Zyklusdauer unterliegt hier ebenfalls einer progressiven Steigerung.

Das Kraftausdauertraining im vierten Mesozyklus hat das Ziel der Gewichtsreduktion und Muskelerhalt, aber dieser ist auch eine gewisse Entlastung für die Person, da die Masse der Gewichte verringert wird. Der erste Mesozyklus stellt mit vier Wochen eine Eingewöhnung für den Körper der Person dar. Der zweite Mesozyklus dient der Herausbildung der sportlichen Leistungsfähigkeit. So soll hier der Muskelaufbau stattfinden und sich die Leistung des Mitgliedes verbessern. Der vierte Mesozyklus, bei dem die Gewichtsreduktion vorgesehen ist, dient gleichzeitig auch der relativen Stabilisierung der besagten Leistungsfähigkeit. Durch eine Verringerung der Lasten im letzten Mesozyklus könnte die Motivation der Person gesteigert werden, da der vierte Mesozyklus von der Intensität geringer ist das die beiden vorherigen.

4 Trainingsplanung Mesozyklus

Tab. 8: Trainingsplanung Mesozyklus (Eigene Darstellung)

Dauer des Mesozyklus: vier Wochen		
Trainingsziel: Kraftausdauer	Häufigkeit / Woche: 2	Organisationform: GK-Stationen
Übungen pro Muskelgruppe: 1-2	Sätze pro Übung: 3	Wiederholungen: 20
Satzpause: 30s	Intensität: 50-70% ILB	Bewegungstempo: 2:0:2

In der Tabelle Tab. 8 wird der erste Mesozyklus des Trainingsplanes aufgeführt. Dieser hat eine Zyklusdauer von vier Wochen. Für die Oberschenkelmuskulatur sind zwei Übungen vorgesehen, um auch den Wunsch des Mitgliedes näherzukommen. Für den M. latissimus dorsi sind ebenfalls zwei Übungen geplant. Das Ziel ist es hier, später von dem Latzug vertikal bis zu Brust, zu Klimmzügen zu wechseln. Aus diesem Grund wird auch der Deltamuskel mit allen seinen Anteilen in dieser Übungsauswahl trainiert. Bei den Übungen wird ein großer Fokus auf die Rückenmuskulatur gesetzt, da so das Heben von Lasten durch eine Ziehbewegung erleichtert wird. Dies entspricht den Wunsch der Person. Um eine möglichst alltagsnahe Belastung und Bewegungsmuster zu realisieren, werden Freihantelübungen gewählt, welche zugleich auch mehrgelenkig sind. Mehrgelenkige Übungen sollten bei einem Ganzkörpertraining bevorzugt werden (vgl. Ratamess, N. A. et al., 2009, S. 687). Besonders wichtig ist hier die Beanspruchung der synergistischen Muskelgruppen, welche bei dem späteren Lastheben das Verletzungsrisiko verringern. Zugleich erhöht sich die Autostabilisation bei dem Tragen dieser Lasten, da diese Stabilisation auch bei Freihantelübungen gefragt ist. Allein dies ist ein großer Vorteil im Vergleich zu geführten Maschinen. Natürlich ist die bereits vorhandene Freihantelerfahrung eine sehr gute Voraussetzung, um ein Freihanteltraining zu starten. Allerdings muss besonders im ersten Mesozyklus auf das korrekte Erlernen des Bewegungsablaufs und der Technik gesetzt werden. Da hier die ILB-Methode genutzt wird, wurde hier für die Wiederholungsanzahl des Kraftausdauertrainings 20 Wiederholungen gewählt (vgl. Tab. 5). Die Intensität beträgt für Leistungsstufe Beginner zwischen 50-70% (vgl. Tab. 4). Die Satzpause wird hier mit einer halben Minute gewählt (nach Güllich/Schmidtbleicher 1999, S. 232). Das Ziel des Bewegungstempo ist mit zwei Sekunden in der konzentrischen und exzentrischen Arbeitsphase, ohne Haltezeit gewählt. So ist das Bewegungstempo ein langsames Grundtempo.

Tab. 9: Krafttrainingsübungen des ersten Mesozyklus (Eigene Darstellung)

Übung	Wdh.	ILB-Testergebnis	1. Woche 50%ILB	2. Woche 50%ILB	3. Woche 55%ILB	4. Woche 60%ILB
Flachbankdrücken mit Langhantel	20	30kg	15kg	15kg	16,5kg	18kg
Kniebeuge mit Langhantel	20	80kg	40kg	40kg	44kg	48kg
Kreuzheben	20	50kg	25kg	25kg	27,5kg	30kg
Latzug vertikal bis zur Brust	20	45kg	22,5kg	22,5kg	25kg	27kg

Rudern Langhan-tel	20	25kg	12,5kg	12,5kg	14kg	15kg
Schulterdrücken Langhantel	20	25kg	12,5kg	12,5kg	14kg	15kg

4.1 Flachbankdrücken mit Langhantel

Die Übung Flachbankdrücken mit Langhantel wurde durch die Belastung der Muskulatur M. pectoralis major, M. triceps brachi gewählt. Als Hilfsmuskulatur dienen M. deltoideus (pars clavicularis), M. anconaeus, M. serratus anterior. Die Brustmuskulatur wirkt hier als Antagonist des später im Fokus liegenden M. latissimus dorsi. Durch die Stärkung des Antagonisten wird die optimale Entwicklung des eigentlichen Agonisten nicht beeinträchtigt.

4.2 Kniebeuge mit Langhantel

Bei dieser Übung wird M. quadrizeps femoris, M. biceps femoris und M. gluteus maximus beansprucht. Als Hilfsmuskulatur dient hier M. erector spinae und M. adductor. Diese Übung soll der Person bei dem Wunsch des leichteren bergauf Fahrens unterstützen. So simuliert sie hier die aufzubringende Kraft bei der Druckphase des Radfahrens.

4.3 Kreuzheben

Die Zielmuskulatur ist hier M. erector spinae, M. quadriceps femoris, M. gluteus maximus. Diese Übung soll, wie die Kniebeuge mit Langhantel, die Oberschenkelmuskulatur stärken und das Mitglied bei dem bergauf Fahren helfen. Die Hilfsmuskulatur ist hier M. bizceps femoris (caput longum), M. semitendinosus, M. semimembranosus. Hier wird präventiv noch der Rückenstrecker trainiert, da die Tätigkeit als Lehrer mögliche Rückenbeschwerden mit sich ziehen könnte, auch wenn laut Aussage der Person keine alleinige sitzende Tätigkeit stattfindet.

4.4 Latzug vertikal bis zur Brust

Das Ziel ist hier die Stärkung des M. latissimus dorsi. Dadurch kann die Person in der Freizeit durch Zugbewegungen leichter Lasten bewegen. Die Zielmuskulatur besteht hier aus M. latissimus dorsi, M. trapezius pars ascendens, M. rhomboideus minor et Major, M. teres major. Die unterstüzende Muskulatur ist M. erector spinae, M. biceps brachii, M. brachialis, M. brachioradialis. Hier wäre eine Erweiterung an einer Klimmzugstange sinnvoll, wenn die entsprechende Muskulatur gut trainiert ist. Momentan ist dies aber nicht möglich, weshalb auf Latzug vertikal bis zur Brust zurückgegriffen wird.

4.5 Rudern Langhantel

Bei der Übung Rudern Langhantel wird die Rückenmuskulatur gestärkt, welche hier wieder auf das Ziehen von Lasten absieht. Die Übung lässt sich zudem gut auf eine Alltagssituation übertragen. Die beteiligte Muskulatur sind M. latissimus dorsi, M. deltoideus pars clavicularis, M. trapezius, M. rhomboideus minor et Major, M. infraspinatus. Die Hilfsmuskulatur sind M. biceps brachii und M. brachialis.

4.6 Schulterdrücken Langhantel

Um auch alle Anteile des Deltamuskels zu trainieren, wurde abschließend die Übung Schulterdrücken Langhantel gewählt. Trainiert werden hier also M. deltoideus pars acromialis, M. deltoideus pars spinalis et clavicularis. Die unterstützende Muskulatur ist M. trapezius, M. triceps brachii, M. serratus anterior. Der seitliche Anteil des Deltamuskels wird stehts belastet, ein Herablassen der Langhantel vor oder hinter dem Kopf entscheidet hier, ob der vordere oder hintere Anteil der Deltamuskulatur trainiert wird. Diese Muskulatur hilft ebenfalls bei der Lastbewegung.

5 Literaturrecherche – Diabetes mellitus Typ-2

Tab. 10: Studien zu den Effekten des Krafttrainings bei Diabetes mellitus Typ-2 (Eigene Darstellung)

	Studie 1	Studie 2
Wer hat die Studie durchgeführt?	Carmen Castaneda, Jennifer E. Layne, Leda Munoz-Orians, Patricia L. Gordon, Joseph Walsmith, Mono Foldvari, Ronenn Roubenoff, Katherine L. Tucker, Miriam E. Nelson	Ronald J. Sigal, Glen P. Kenny, Normand G. Boulé, George A. Wells, Denis Prud'homme, Michelle Fortier, Rodert D. Reid, Heather Tulloch, Douglas Coyle, Penny Phillips, Alison Jennings, James Jaffey,
Publizierungsjahr?	2002	2007
Welche Forschungsfrage wurde untersucht?	Hat hochintensives Krafttraining mit progressiver Belastungssteigerung einen Einfluss auf die glykämische Kontrolle in älteren Erwachsenen mit Typ 2 Diabetes?	Hat ein kombiniertes Training aus Aerobic und Krafttraining einen zusätzlichen Effekt auf die glykämische Kontrolle im Vergleich zu einem einzelnen Training der jeweiligen Trainingseinheiten?
Mit welchen Versuchspersonen wurde die Studie durchgeführt?	62 im eigenen Hausstand lebende Personen lateinamerikanischen Ursprungs, welche seit mindestens 3 Jahren an Typ 2 Diabetes erkrankt sind, 40 Frauen und 22 Männer, alle mit einem Alter von >55 Jahren	251 Erwachsene im Alter von 39-70 Jahren mit Typ 2 Diabetes. Zusätzlich musste vorher eine Zulassung durch einen Kardiologen erfolgen und ein Einhalten der Übungen in einem vierwöchigen Testlauf vor Beginn der Studie.
Wie sah der Versuchsaufbau aus?	Eine 16-wöchige randomisierte, kontrollierte Studie, bei denen	Es wurde eine 26-wöchige randomisierte, kontrollierte Studie durchgeführt. Die

	die 62 Teilnehmer vorher zufällig entweder der Trainingsgruppe oder der Kontrollgruppe zugewiesen wurden. Es wurden die Daten der glykämischen Kontrolle, Anomalien des Stoffwechsel-Syndroms, Körperzusammensetzung und Speicher des Muskelglykogens vor, sowie nach der Studie erhoben. Die Trainingsgruppe führte dreimal die Woche Krafttraining hoher Intensität im niedrigen Umfang aus.	Teilnehmer haben zuvor nicht aktiv Sport durchgeführt. Es gab mehrere Gruppen, bestehend aus einer Aerobic-, Krafttrainings-, kombinierten und einer Kontrollgruppe. Es wurde dreimal die Woche ein Training für 22 Wochen durchgeführt (Woche 5-26 der Studie).
Welche relevanten Ergebnisse lieferte die Studie?	Die Trainingsgruppe wies einen reduzierten HbA1c Wert, erhöhte Muskelglykogenspeicher und eine Reduzierung der Diabetes Medikamention im Vergleich zur Kontrollgruppe auf. Zusätzlich wurde eine Erhöhung der Magermasse ein niedriger systolischer Blutdruck und eine Verringerung des Fettanteils im Rumpfbereich festgestellt. Die Studie schlussfolgerte, dass diese Art von Krafttraining eine effektive Zusatzmöglichkeit ist, die genannten Werte für ältere Personen mit Leiden an Typ 2 Diabetes zu verbessern.	Die Krafttrainingsgruppe wies nach diesen sechs Monaten einen reduzierten HbA1c Wert, einen reduzierten systolischen und diastolischen Blutdruck, sowie ein reduziertes Non-HDL Cholesterin Level. Ebenfalls wurde ein verringertes Level der Triglyceride beobachtet. Die Studie deutet allerdings darauf hin, dass kombiniertes Training aus Aerobic und Krafttraining bessere Ergebnisse erzielt , als die einzelnen Varianten

6 Literaturverzeichnis

Castaneda, C., Layne, E. J., Munoz-Orians, L., Gordon, L. P., Walsmith, J., Foldvari M. et al. (2002, Dezember), A Randomised Controlled Trial of Resistance Excercise Training to Improve Glycemic Control in Older Adults With Type 2 Diabetes. *Diabetes Care*, 25 (12), 2335-2341

Eifler, C. (2013). *Empirische Überprüfung der Effekte verschiedener Ansätze zur Intensitätssteuerung im fitnessorientierten Krafttraining.* Dissertation, Universität des Saarlandes. Saarbrücken.

Güllich, A. & Schidtbleicher, D. (1999). Struktur der Kraftfähigkeiten und ihrer Trainingsmethoden. *Deutsche Zeitschrit für Sportmedizin*, 50 (7/8), 232

Ratamess, N. A., Alvar, B. A., Evetoch, T. K., Housh, T. J., Kibler, W. B., Kraemer, W. J. et al. (2009), Progression Models in Resistance Training for Healthy Adults, *American College of Sports Medicine*, 687

Sigal, R. J., Kenny G. P., Boulé N. G., Wells, G. A., Prud'homme, D., Fortier, M. et al. (2007, September), Effects of Aerobic Training, Resistance Training, or Both on Glycemic Control in Type 2 Diabetes. *Annal of Internal Medicine*, 147 (6), 357-369

Whelton et al., 2017, High Blood Pressure Clinical Practice Guideline, USA, *Hypertension*

WHO/Europe. Body Mass Index – BMI. Zugriff am 20.03.2021. Verfügbar unter https://www.euro.who.int/en/health-topics/disease-prevention/nutrition/a-healthy-lifestyle/body-mass-index-bmi

Zimmer, M. (1999). *Entwicklung und Erprobung eines Mehrwiederholungskrafttests zur Erfassung der Kraftleistung im Fitneß-Training.* Diplomarbeit. Saarbrücken.

7 Tabellenverzeichnis

BEI GRIN MACHT SICH IHR WISSEN BEZAHLT

- Wir veröffentlichen Ihre Hausarbeit,
  Bachelor- und Masterarbeit

- Ihr eigenes eBook und Buch -
  weltweit in allen wichtigen Shops

- Verdienen Sie an jedem Verkauf

Jetzt bei www.GRIN.com hochladen und kostenlos publizieren